Veronika Seiler

Telos-Blume der Freien Entfaltung.

Freies Schöpfen!

Begleitbuch zu den Inspirationskarten

Veronika Seiler

Telos-Blume der Freien Entfaltung.

Freies Schöpfen!

Begleitbuch zu den Inspirationskarten

Impressum

Bibliografische Information der Deutschen Nationalbibliothek:
Die Deutsche Nationalbibliothek verzeichnet diese Publikation
in der Deutschen Nationalbibliografie; detaillierte bibliografische Daten sind im Internet über http://dnb.dnb.de abrufbar.

Die automatisierte Analyse des Werkes, um daraus Informationen insbesondere über Muster, Trends und Korrelationen gemäß §44b UrhG („Text und Data Mining") zu gewinnen, ist untersagt.

Verlag: BoD · Books on Demand GmbH, Überseering 33,
22297 Hamburg, bod@bod.de

Druck: Libri Plureos GmbH, Friedensallee 273, 22763 Hamburg

ISBN: 978-3-7693-9959-2

Inhaltsverzeichnis

Telos-Blume der Freien Entfaltung

Stellen wir uns vor, wir gehen in einem wunderschönen Garten spazieren: Blumen und Gräser wiegen sich im Wind, irgendwo plätschert ein kleiner Brunnen, Bäume an der Einfassung geben Schutz und Geborgenheit. Jede dieser Blumen, jeder dieser Bäume ist in sich vollkommen.

Betrachten wir das jeweilige Samenkorn, aus dem die Blume gewachsen ist, können wir uns kaum vorstellen, dass aus diesem winzigen Körnchen eine vollkommene Blume wachsen kann – noch unglaublicher ist dies beim Betrachten von großen Bäumen und ihren Samen. Und doch: In jedem dieser Samenkörner ist die komplette Schönheit der kommenden Pflanze enthalten.

Blumen sind ein wundervolles Symbol für das menschliche Leben. In jeder Lebensphase entfaltet der Mensch seine eigene Vollkommenheit – stets auf einzigartige Weise. Manchmal gibt es jedoch Momente, in denen diese natürliche Schönheit verborgen bleibt: Wie Schatten schieben sich scheinbar Blockaden über einzelne Teile der menschlichen „Blume“. Manche sehen dann aus wie verwelkt, manche dafür beginnen übermäßig, übertrieben und doch kraftlos auszutreiben, wie im Winter die Triebe der im Keller überwinterten Pflanzen, manche fangen gar nicht an, sich zu entwickeln. Und dennoch: Die einzigartige Schönheit eines jeden Menschen muss existieren, denn sie war von Anfang an gegeben – sie IST in jedem Augenblick.

Die Telos-Blume der Freien Entfaltung. Freies Schöpfen! lädt ein, den Blick genau dahin zu wenden, wo ein solcher Schatten, wo eine solche Blockade vorhanden zu sein *scheint* – jedoch nicht mit dem Fokus auf dem Defizit, sondern mit einer liebevollen Aufforderung: Sie spricht die herzliche Einladung aus, sich dem verkümmerten Aspekt in Liebe und Offenheit und im absoluten Potential zuzuwenden. Durch diese veränderte, nun positive Betrachtung verändert sich die Blume selbst hin zum Potential. *Der Beobachter beeinflusst das Beobachtete durch den Akt der Beobachtung* heißt es in der Quantenmechanik. Dies lässt sich auf das menschliche Zusammensein übertragen und nennt sich dann *Resonanz-Prinzip*: Das, was die Betrachter*in ausstrahlt, wird vom Gegenüber (meist unbewusst) empfangen. Im zugewandten Betrachten der gezogenen Karten ändert sich die Sichtweise auf „die Blume" und damit „die Blume" selbst.

In den ersten Lebenswochen sind Kinder darauf angewiesen, ihre Eltern und Geschwister auf ihre eigene Weise zu „verstehen". Da sie die Sprache noch nicht erfassen, deuten sie stattdessen, was sie fühlen – und hier sind sie Meister! Ohne die Bedeutung der Worte zu kennen, spüren sie intuitiv, was gemeint ist. Diese Fähigkeit begleitet sie über viele Jahre hinweg – und sie steckt noch in jedem Erwachsenen, auch wenn sie oft in Vergessenheit gerät. Kinder fühlen also sofort, wenn sich die Einstellung in ihren erwachsenen Begleiter*innen ihnen gegenüber verändert hat, ohne dass sie dies benennen könnten. Und auch Erwachsene fühlen unbewusst, wenn sich die Einstellung ihnen oder ihrem Projekt gegenüber ins Positive verändert hat; Druck fällt ab und es entsteht eine Leichtigkeit. Dies hat zur Folge, dass das Kind oder der Erwachsene oder das Projekt wieder mit Offenheit betrachtet wird – „die Einladung zur Entfaltung". Die Kreativität in jeglichem Sinne ist wieder gegeben: neue Sichtweisen stellen sich ein, um das Kind nun anders, leichter, ohne Machtkampf und (eigener) seelischer Verletzung zu begleiten; von irgendwoher kommen neue Impulse, das Projekt weiter zu gestalten.

Entstanden sind die Karten der Telos-Blume der Freien Entfaltung. Freies Schöpfen! im Telos-Kinderhaus. Hier verwenden wir sie, wenn das Team seine Einstellung einem „herausfordernden Kind" oder einer „schwierigen oder neuen Situation" gegenüber ins Potential bringen möchte.

Ursprünglich arbeiteten wir in den beiden Telos-Kitas mit den „vier Nahzielen" von Rudolf Dreikurs: Kinder, die in seelischer Not sind, machen durch (meist) herausforderndes Verhalten auf sich aufmerksam mit 1. (negativer oder übertrieben positiver) Aufmerksamkeit, 2. Machtkampf, 3. Rache, 4. Rückzug. Dann brachte ich diese ins Potential: Aus „Aufmerksamkeit" wurde „Geschenk". Aus „Machtkampf" wurde „Freiheit", aus „Rache" wurde „Frieden" und aus „Rückzug" wurde „Schwingung". Dies waren die ersten Teile der Blume, nämlich vier der sieben Blütenblätter; weitere folgten.

Begegnen wir Menschen (jungen und alten gleichermaßen) oder Projekten (egal ob dem Hausputz oder der Bachelor-Arbeit) mit der inneren Einstellung zum Gelingen, beeinflusst dies positiv, hin zur Entfaltung. Da wir alle über den „Äther" miteinander verbunden sind, überträgt sich die positive Annahme auf mein Gegenüber, Mensch oder Projekt. Wenn wir nun noch bereit sind, uns selbst als Ausgangspunkt der gesendeten Botschaft wahr zu nehmen, uns erlauben, in uns selbst genau hinzusehen und hinzuspüren, eröffnen wir dadurch dem Gegenüber unausgesprochen die Einladung, dies ebenfalls zu tun. Verdecktes, Verstecktes und Verdrängtes erhält die Erlaubnis, angeschaut und im besten Fall geheilt zu werden: Durch letztendlich liebevolle grundsätzliche Annahme.

Dabei helfen die Impulskarten Telos-Blume der Freien Entfaltung. Freies Schöpfen!

Freie Entfaltung

Aus der Buchecker wächst die riesige Buche, das Farnkraut rollt sich im Frühling aus wie eine Spirale, Blumen wachsen wie von selbst aus kleinen Samen. Was sie brauchen ist: Sonne, Regen, gute Erde, liebevolles Wetter... Nicht anders beim Menschen: Freiheit, Liebe, Vertrauen, Halt-und-Sicherheit-gebende Grenzen sind das, was ein junges Kind braucht, um sich zu entfalten. Unsere Einstellung, unser Vertrauen, dass die Entfaltung intrinsisch im Menschen vorhanden ist, trägt dazu bei, dass sich das junge Menschenkind in seiner einzigartigen Weise entfaltet.

Freies Schöpfen

Vom ersten Tag an beginnt das Kind zu schöpfen, sein Leben kreativ zu gestalten: Wie nimmt es auf, dass es hochgenommen wird oder einen Moment liegengelassen wird? Wie interpretiert es die etwas unsanfte Liebkosung des wenige Jahre älteren Geschwisterkindes? Wie fasst es die Unsicherheit der Eltern auf, die nicht genau wissen, wann der rechte Zeitpunkt ist, sich in den ersten Tagen in der Kita während der Eingewöhnungsphase von ihm zu verabschieden? Jede Situation verlangt nach einer Bewertung – und sie bestätigt sich schließlich in der Weise, wie das Kind sie wahrgenommen und interpretiert hat. Es gestaltet sein Leben entsprechend seiner eigenen Beobachtung.

Freies Schöpfen stellt sich ein, wenn das Kind absolute Liebe erfährt, einen Sicherheit-gebenden Rahmen erlebt – und die Dinge, für die es Verantwortung trägt, frei entscheiden kann! Frei bedeutet auch: Mit offenem Ausgang, Scheitern und Neu-Beginnen inbegriffen. Das meiste davon läuft unbewusst ab. Wie schön, wenn wir den kleinen bewussten Teil gezielt positiv gestalten helfen! Jede einzelne Karte gibt dafür Impulse: Indem sie den Fokus auf die Betrachter*in lenkt. Der Weg geht also vom Kind hin zur/zum begleitenden Erwachsenen und erst dann wieder zurück zum Kind: Nachdem im Erwachsenen die Einstellung zu dieser Situation ins Potential geöffnet wurde – und öffnet nun im Kind Entfaltung.

Karten und Buch verwenden

Anlass: Eine (schwierige) Situation, ein Kind, ein Projekt, eine Begegnung, ich selbst... Die *Telos-Blume* kann für alles und jeden stehen. Immer wenn auf der Karte „die Blume" genannt wird, handelt es sich um genau dies: Die Situation, das Kind, das Projekt, die Begegnung, du selbst...

Vorgehen: Innerlich eine Frage stellen - Karten mischen und intuitiv eine ziehen - kurzen Text lesen - im Buch den langen Text lesen - wirken lassen - handeln: Das Leben bewusst (neu) gestalten und schöpferisch kreativ sein! Diesen Moment achtsam nutzen.

Mögliche Fragen: Um was geht es hier? Was will mir die Situation sagen? Was hat das mit mir zu tun? Was muss mehr werden? Was fehlt? Wo klemmt es? Wo bin ich eng? Was ist der Anlass/die Ursache für diese Situation? Was kann ich dazu beitragen, dass Entfaltung lebendig wird? Was ist meine Aufgabe? Was bringt Entlastung? Ist etwas ins Defizit gerutscht? Was braucht das Kind/Projekt/die Situation? Was brauche ich? Was spiegelt mir das Kind/Projekt/die Situation? – und viele mehr.

Fühle dich eingeladen, in den Spiegel zu schauen ... Vertrauensvolle Entfaltung und Freies Schöpfen mögen lebendig sein!

Das wünsche ich von Herzen

Veronika Seiler

Süße des Lebens

Wie süß zeigt sich das Leben? Wie selbstverständlich ist heiteres Lachen und tiefe Entspannung? Wie zufrieden macht und wie befriedigend ist das, was gerade gelebt wird? Wie lebendig ist die Einheit von Körper, Geist und Seele?

Die Süße des Lebens macht das Leben gehaltvoll...wie die Prise Zucker in der salzigen Suppe deren Geschmack erhöht. Wärst du ein Insekt, fühltest du dich angezogen vom Nektar einer Blume... du wärest verliebt in ihren sinnlichen Geruch, du wärest angezogen von ihren verlockenden Farben, du könntest nicht anders, als dich ihr nähern in erwartungsvoller Freude.

Die Süße des Lebens – ihr Duft, ihre Farben betören deinen Moment, machen ihn lustvoll froh, saftig und gehaltvoll.

Spüre: Greife behutsam mit deinen Fingerspitzen hinein in die Süße des Lebens – fühle seinen klebrigen Nektar. Ziehe deine Finger vorsichtig auseinander. Wie kraftvoll, wie lebendig-feucht-zäh fühlt sich die Süße des Lebens an? Gehen in der Zeit ein bisschen zurück und spüre nun... Gehe in der Zeit ein bisschen vor und spüre jetzt... Hat sich etwas verändert? Wie hat sich das Leben ursprünglich die Süße des Lebens gedacht?

Denke: Was braucht die Süße des Lebens genau von dir (oder von wem)? Welche Tat soll von dir (oder von wem?) JETZT getan werden, damit die Süße des Lebens ihre Süße verschenken kann?

AllesNeu

Welches Potential wartet auf seine Entfaltung? Welches Samenkorn wartet auf den Kuss des Lebens? Wer befruchtet mit nährender Feuchte und wärmender Sonne?

AllesNeu macht der Mai… Jedem Winter folgt ein Frühling. Stell dir einen lebendigen Garten vor und beobachte Wiese und Acker. Schon im zeitigen Frühjahr spitzen die ersten grünen Blättchen vielfältiger Gewächse aus der Erde heraus. Einfach so sind sie aufgegangen, die Samen jeglicher Pflanzen und Blumen. Nährende Feuchtigkeit hat sie lebendig gemacht, wärmende Sonne hat sie hervorgelockt. Fühle die Lebendigkeit der Erde! Spüre ihre Kraft, die verborgenen Samen zum Leben erwecken! Sie schenkt ihren Blumen- und Pflanzenkindern ihr Vertrauen, sodass sie jedes Jahr aufs Neue aufwachen und erblühen. Vertrauen auch du! Welches Samenkorn will JETZT lebendig werden, weil du es erkennst? Wie fühlt sich der Kuss an, den das Leben dir schenkt, indem du das Samenkorn wahrnimmst? Wie gibst du den Kuss des Lebens an das Samenkorn weiter?

AllesNeu vertraut dir seine Befruchtung an!

Spüre: Nimm das AllesNeu behutsam in die Hand, spüre, fühle, lausche… Wie fühlt es sich jetzt an? Gehe in der Zeit ein bisschen zurück und spüre, fühle lausche nun… Gehe in der Zeit ein bisschen vor und spüre, fühle, lausche auch jetzt… Nimmst du das innere Pulsieren, die Lebendigkeit im AllesNeu wahr?

Denke: Was braucht das AllesNeu genau von dir? Welche Tat soll von dir JETZT getan werden, damit das AllesNeu in seine Lebendigkeit kommt?

Danke

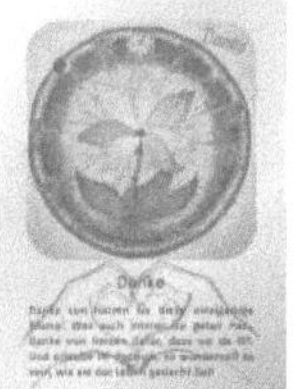

Danke von Herzen für diese einzigartige Blume! Was auch immer sie getan hat... Danke von Herzen dafür, dass sie da IST: Und erlaube ihr dadurch, so wundervoll zu sein, wie sie das Leben gedacht hat!

Manchmal er-warten wir mit unserem DANK etwas Bestimmtes... Darauf können wir meist lange warten. Wenn wir ohne Erwartung DANKE sagen, erlauben wir dem Leben, sich uns auf seine Weise zu schenken. Dann erkennen wir in Handlungen, die wir zunächst als negativ bewertet haben mögen, die positive Seite; dann öffnen wir unser Herz für das Wesen aller Beteiligten; dann findet das Leben selbst seine wundervolle kristallklare Lösung.

Spüre: Wenn es für dich passt, falte die Hände vor der Brust in der Geste der Dankbarkeit und verneige dich vor dieser Blume. Und dann wende dich innerlich dir zu, verbeuge dich vor dir und sage „Danke"!

Denke: Beginne herzlich gerne bei dir mit dem DANK. „DANKE, dass ich das tue, was mir wahrlich Freute bereitet!" könnte der Anfang sein...

Schöpfen

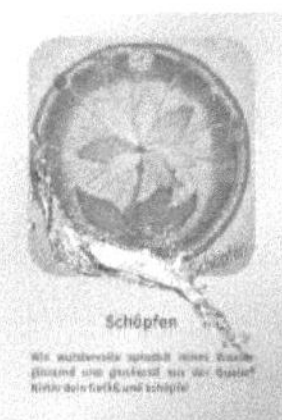

Wie wundervoll sprudelt reines Wasser glitzernd und gluckernd aus der Quelle! Nimm dein Gefäß und schöpfe!

Jeder winzige Augenblick besteht aus Schöpfung – in jedem Moment schöpfst du Atem und Leben! Wie kostbar! So viele Ideen fallen in dich ein in dem Moment des entspannten Atem-Schöpfens... Magst du ihnen einen Platz in deinem Leben geben? Magst du sie lebendig werden lassen? Oder sind sie heute einfach dafür da, um von dir fantasievoll erdacht und dann wieder losgelassen zu werden?

Spüre: Lass vor deinem inneren Auge und in deinem Herzen das Bild einer wundervollen Quelle entstehen, die in paradiesischer Natur entspringt. Erlaube dir, deine Hände zu einer Schale zusammenzulegen und diese behutsam in diese Quelle, die mit kristallklarem Wasser gefüllt ist, zu tauchen und zu schöpfen. DU tauchst deine Hände aktiv ein - und LÄSST dich gleichzeitig beschenken mit der Fülle des Universums…

Denke: Auch, wenn du diese Karte zunächst für eine andere Blume gezogen haben magst – könnte es sein, dass sie dir ganz für dich alleine diese Botschaft schenken mag? Was mag heute von dir geschöpft, erschaffen und kreiert werden? Was mag heute entstehen und lebendig werden – durch dich? Manchmal ist ein einziges Wort schon die wundervolle Schöpfung; manchmal ist es eine komplizierte Erfindung… Sei mutig, wenn du magst: Es ist DEINE Schöpfung!

Ziel

Welches Ziel verfolgst du, liebe Blume? Und welchen letztendlichen Zweck erhoffst du (dir) dadurch zu erfüllen?

Ein Ziel haben bedeutet, in Bewegung SEIN. Schau dir die Bewegungs-Linie an: Hier ist die Blume jetzt, dort will sie sein. Jetzt krümme die Bewegungs-Linie und schließe sie zum Kreis, dem ewigen Symbol des vollkommenen Seins. Die Blume muss nichts leisten – sie IST sie selbst. Gleichwohl bringt sie in ihrem ganz eigenen Bewegungs-Impuls das zum Ausdruck, was sie einzigartig lebendig werden lassen möchte.

Spüre: Eine Hand wird zur Blume – die andere zur sich bewegenden Zeit-Linie: Wie und mit welcher Linie bewegt sich die Ziel-Linien-Hand von der Blumen-Hand weg?

Denke: Ist das so, wie es sich das Leben und die Blume in vollkommenster Weise vorstellen? Könnte es größer oder weiter sein? Sollte es gezielter oder weniger stürmisch sein? Oder? Und du selbst: Bist du dir im Klaren, welches Ziel du gerade in diesem Moment verfolgst? Bewusst? … und unbewusst? Es ist dein Leben: Triff du die Entscheidung, die für dich JETZT die richtige ist. Wähle du das Ziel für deine nächste Handlung bewusst aus! Und lade damit die Blume ein, ihr eigenes Ziel auf ihre Weise vollkommen lebendig werden zu lassen.

Stein

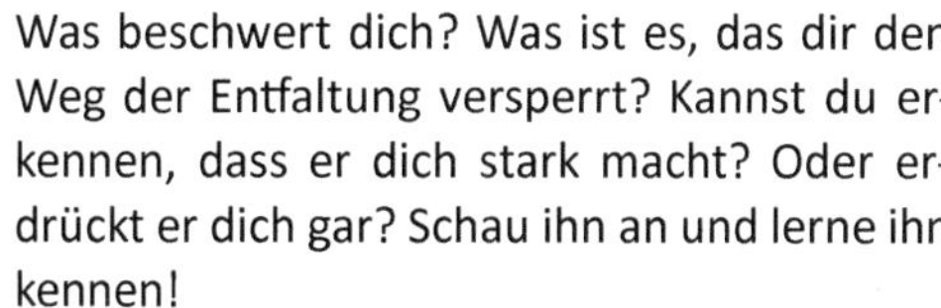

Was beschwert dich? Was ist es, das dir den Weg der Entfaltung versperrt? Kannst du erkennen, dass er dich stark macht? Oder erdrückt er dich gar? Schau ihn an und lerne ihn kennen!

Jeder Stein hat eine Aufgabe. Etwas will erkannt werden… eine inne liegende Kraft? Ein noch unbekanntes Talent? Steine, die noch jung sind, haben es leicht, ihre Botschaft zu überbringen. Alte Steine, die schon lange ins Leben gerollt sind, hängen voller Geröll; diese Steine sind zu einer Gewalt geworden, die verletzt. Manchmal reicht es aus, dem Stein der Entmutigung persönlich ins Auge zu schauen – und er löst sich auf, weil er seine Aufgabe erfüllt hat! Manchmal jedoch muss er an beiden Hörnern gepackt werden, und jemand ist aufgerufen, ihm ein klares, deutliches Wort zu sagen: „Geh weg!"

Spüre: Werde zur Blume – fühle, wie schwer der Stein der Entmutigung auf dir lastet. Gab es eine Zeit, in der er noch nicht (so schwer) war? Greife mit der Hand über dich und nehme den Stein der Entmutigung weg: Geht das? Oder will erst die Botschaft überbracht werden? Dann frage den Stein, ob du dich mit ihm von Auge zu Auge unterhalten darfst: Lausche, was er dir sagen will.

Denke: Manchmal scheinen wir genau zu wissen, was eine andere Blume beschwert. Manchmal sind das jedoch die Dinge, die DU als Belastung erlebst...

Grüne Blätter

Umhüllt bist du am Urgrund mit Liebe, Vertrauen und Freude. Geborgenheit wurde dir geschenkt. Siehst du den glitzernden Tautropfen zwischen Stil und Blättern? Glaubst du an deine eigene Entfaltung, liebe Blume?

Die grünen Blätter stützen und schützen dich immer! Gleichwohl befreist du dich im Wachsen – jegliche empfundene Beengung löst sich nach oben hin auf. Leicht umhüllt dich die Liebe wie ein fließendes Tuch, Zutrauen und Vertrauen umweben dich wie ein intensiv-feiner Duft, Freude lacht in sich und dich hinein... Leicht ist das Leben, liebe Blume, so gestützt und frei! Genieße es!

Spüre: Sei achtsam hier! Betrete nicht unerlaubt hier geheimsten Bereich. Vielleicht ahnst du schon, wenn du dir erlauben darfst, deinen Körper zur Blume werden zu lassen, wie dich um die Füße die drei grünen Blätter umhüllen; vielleicht fühlst du schon, und magst ihnen mit deinen Händen freie Bewegung geben, wie sich die grünen Blätter nach oben hin weiten...

Denke: Vielleicht gab es einen Moment im Leben dieser Blume, der erschreckend war, sodass die Blume vergessen hat, wie sich ihre grünen Blätter um sie legen – trotz allem, was geschah? Wer ist es, der Liebe, lustvolle Freude, Zutrauen und Vertrauen die herzliche Einladung ausspricht, sich weiterhin bemerkbar machen zu dürfen? Und was hat das mit dir zu tun?

Verständigung

Es gibt so viele Arten, sich zu unterhalten... Schöpfst du alle Wege und Ebenen aus? Hörst du, auf welcher Ebene diese Blume mit dir kommunizieren möchte?

Die Blume, die sich selbst ganz lebt, kommuniziert offen und frei mit den sie umgebenden Wesen. Sie tut dies auch über das Gefühl, über ihre mediale Wahrnehmung. Bist du bereit, diesen Weg der Verständigung wahr-zunehmen? Spürst du die Verwirrung, die entsteht, wenn du diesen Weg verleugnest? Dann sagt dein Mund vielleicht „mächtig" und dein Gefühl sendet aus „ohnmächtig". Was für eine Aufgabe für diese Blume, da sie doch jetzt die Regie selbst übernehmen muss, aus dieser verwirrenden Not heraus...

Spüre: Erlaube einer Hand, Lauschend du selbst zu sein – erlaube der anderen Hand Aussendend die Blume zu sein. Bewege deine Hände aufeinander zu und fühle. Dann tausche die Rollen: Eine Hand wirst du Aussendend, die andere wird die Blume Lauschend. Bewege die Hände aufeinander zu. Blockiert es? Geht es leichtgängig? Wenn du magst, erlaube dir die verschiedenen Arten der Verständigung auszuprobieren: Kommunikation mittels der Sprache, mittels des Gefühls, mittels Gesten...

Denke: Was hilft dir, deine Ebenen der Kommunikation zu weiten? Erlaube dir, groß zu sein! Erlaube dir grenzenlose Verständigung...

Dazwischen

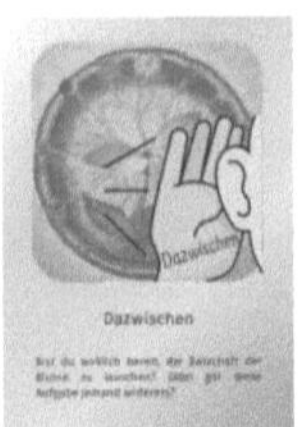

Wer oder was steht im Weg? Wer oder was klemmt die Blume ein? Bist du wirklich bereit, der Botschaft der Blume zu lauschen? Oder gilt diese Aufgabe jemand anderem?

Zwischen wem stehst *du*? Vielleicht solltest du vorher noch etwas Besonderes tun: Hände waschen... dich frei machen von Belastendem... Ankommen in dir... Offen sein für die Erkenntnis der Blume... Vielleicht ist es nicht deine Aufgabe, Erkenntnis über diese Blume zu erlangen? Vielleicht hast du noch nicht die richtige Frage gefunden?

Oder ist noch nicht die richtige Zeit der Blume, ihr Geheimnis zu lüften?

Spüre: Lasse dir Zeit! Atme... und lass mit dem Ausatem los, was gerade nicht benötigt wird – lasse eine Not los, die hier nicht hergehört.

Denke: Falsches Thema, falsche Ausführende oder falsche Zeit? Kein Problem! Leg die Karten weg und gehe deinem Alltag nach. Du wirst es wissen, wenn du wieder so weit bist!

Sonnenstrahl

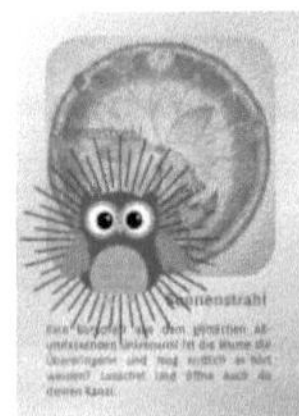

Eine Botschaft aus dem göttlichen allumfassenden Universum! Ist die Blume die Überbringerin und mag endlich er-hört werden? Lausche! Und öffne auch du deinen Kanal.

Schutzengel, Krafttier, Intuition – wie du sie auch nennen magst: Die Botschaft des Universums mag ankommen! Magst du die Aufforderung der Blume an dich annehmen? Halte inne und lausche!

Spüre: Lass die Wurzeln unter deinen Füssen in Mutter Erde wachsen. Öffne deinen Kanal über deinem Kopf hinauf in die Weite des göttlichen Universums. Spüre und höre, welche Nachricht sich dir schenken will.

Denke: Magst du diesem ersten vielleicht winzigen Impuls vertrauen? Genau! Dieser ist die Botschaft an dich! Und die Blume? Vielleicht war sie nur Überbringerin…? Schenke ihr ein Dankeschön für diesen Liebesdienst.

Blütenblatt Meistern

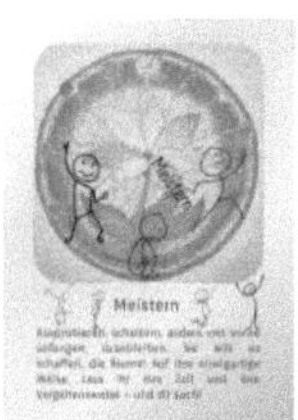

Ausprobieren, scheitern, anders von vorne anfangen, dranbleiben. Sie will es schaffen, die Blume! Auf ihre einzigartige Weise. Lass ihr ihre Zeit und ihre Vorgehensweise – und dir auch!

Es gibt so viele Möglichkeiten, um etwas zu tun – warum sollte diese eine die richtige sein? Es gibt so viele Möglichkeiten, mit Nicht-Gelingen umzugehen – warum dieser Blume ihr Scheitern nicht ermöglichen? Nur, wer scheitern und selbst nochmal von vorne beginnen darf, der lernt, dranzubleiben und es fertigzubekommen, auf seine einzigartige Weise. Der lernt, Meister seines Lebens zu sein!

Spüre: Erlaube dir, mit deinem gesamten Körper zum Blütenblatt Meistern dieser Blume zu werden. Und jetzt gehe – meistere das Leben! Geht es?

Denke: Wenn es nicht gut geht – wer oder was blockiert das Meistern dieser Blume? Erlaube dir, Fehler als das anzunehmen, was sie sind: Helfer. Erlaube dir, Scheitern in dein Leben zu integrieren – und Neuanfang! Denn es geht dabei um das, was du tust, nicht um das, was du bist.

Blütenblatt Träumend

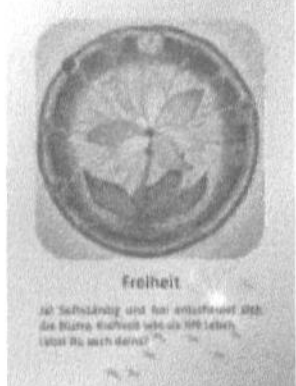

Wach auf! Wach auf und erlaube dieser Blume, sich ihr eigenes Leben zu erträumen! Unbegrenzt und unbeeinflusst. Entfaltung ist ewig... Träume auch du!

Entfaltung ins Unbekannte – es gibt so viel mehr, als wir kennen und uns vorstellen können. Was ist es bei dieser Blume, was gelebt werden, geboren werden, was entstehen will? Betäubst du dich selbst und stumpfst ab, wenn du den Raum dieser Blume beschneidest, indem du ausschließlich den dir bekannten Entfaltungs-Raum berücksichtigst und ihr den unbekannten Raum verwehrst? Räche dich nicht am Leben, sondern heiße es herzlich willkommen und lade dich ein zur Entfaltung!

Spüre: Erlaube dir, innerlich eine meditative Haltung einzunehmen und zum Blütenblatt Träumend DEINER Blume zu werden. Spürst du die Energie dieses Traumes? Welche Botschaft will er erzählen?

Denke: Entfaltungs-Blumen sind sehr zäh. Sie achten gut auf sich. Sie tun lange Zeit alles, damit sie sich entfalten, ins Bekannte ebenso wie in die weiten Sphären des Unbekannten. Freie Räume entstehen, wenn du die Entfaltung ins Unbekannte bedenkst, erfühlst und erlaubst – dieser Blume genauso, wie deiner eigenen!

Blütenblatt Freiheit

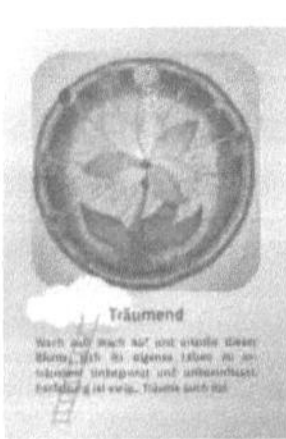

Ja! Selbständig und frei entscheidet sich die Blume. Kraftvoll lebt sie IHR Leben. Lebst Du auch deins?

Unabhängig wählt die Blume - und entscheidet sich für ihren Weg. Es mag ein anderer sein, als jemand für sie geplant hat. Doch es ist ihr Leben und dafür trägt sie

Verantwortung. Dafür macht sie sich mächtig stark! Sowie auch du für dein Leben mächtig kämpfst. Traust du es ihr zu? Traust du es dir zu? Was erschreckt dich, was besorgt dich? Lass dich beschenken von der Freiheit des Lebens – und genieße!

Spüre: Strecke deine Arme weit nach oben aus und beschreibe mit ihnen einen weit ausgebreiteten Kreis an deinem Körper entlang. Wie frei und groß ist dein Kreis? Wie beweglich?

Denke: Gibt es wen oder was, der die Freiheit dieser Blume einschränkt? Sicherheit ist gut! Verwöhnung durch zu enge oder zu weite Grenzen macht unbeweglich und be-fangen. Gibt es einen Bereich bei dir selbst, der geweitet werden will? Oder bei wem? Fange an, bei dir!

Blütenblatt Schwingung

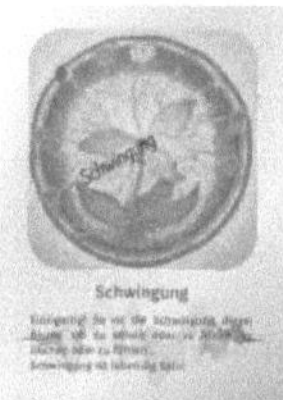

Einzigartig! So ist die Schwingung dieser Blume. Ob zu sehen oder zu hören, zu riechen oder zu fühlen. Schwingung ist lebendig Sein!

Ob ein lauter Farben- oder Klangrausch. Ob eine einzige sattfeine Farbe, ob das Klingeln eines zarten Tones - die einzigartige Schwingung schwingt in ihrer jeweiligen besonderen Weise. Wenn sie schweigt oder gar erstarrt, echot auch kein Widerklang von anderen Blumen herbei. Schwingt sie in ihrer einzigartigen Art, lädt sie andere Blumen zu deren Schwingung ein. Vielfältig tönt das Orchester. Vielfarbig leuchtet das Gemälde frei schwingender Blumen.

Spüre: Deine Hand wird zur wellenartigen Schwingung der Blume. Ist sie so ausladend, so geformt, so lebendig, so frei wie sie vom Leben gedacht ist?

Denke: Wenn nicht - wer oder was blockiert? Was beschwert die Blume, das bei ihrem Blütenblatt Schwingung zum Rückzug, vielleicht gar zur Schockstarre führte? Bist du es, die/der selbst wieder frei schwingen mag? Lausche achtungsvoll - der Schwingung dieser Blume ebenso, wie deiner eigenen ...

Blütenblatt Fantasie

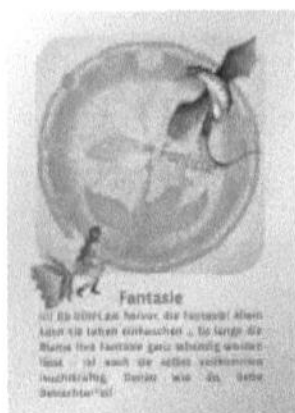

Ui! Da blitzte sie hervor, die Fantasie! Allem kann sie Leben einhauchen ... So lange die Blume ihre Fantasie ganz lebendig werden lässt - ist auch sie selbst vollkommen leuchtkräftig. Genau wie du, liebe Betrachter*in!

Allem, was entstehen mag, Leben einhauchen: Worten, Bauwerken, Kunst, Musik, Bewegung, Begegnung ... alles wird durch Fantasie lebendig. So lange eine Blume ihrer Fantasie sichtbaren, hörbaren, fühlbaren ... Ausdruck verleiht, ist auch sie selbst ganz und volltönend.

Mit Hilfe ihrer Fantasie ver-wirklich-t sie ihre Schöpfungen - für die sie Verantwortung trägt. Fantasie fordert die Blume auf, ihre Schöpfung lebendig werden zu lassen und weiter zu pflegen und zu gestalten.

Spüre: Erlaube deinen Händen, den Tanz der Fantasie dieser Blume zu tanzen. Spüre! Tanzt es sich „rund"? Stockt es oder ist der Tanz kleiner, als vom Leben gedacht?

Denke: Was würde geschehen, wenn du deinen Händen die herzliche Einladung aussprechen würdest, den Tanz der Fantasie dieser Blume zu weiten und zu entfalten? Wer, wenn nicht du, hat diese Aufgabe, diese Ver-Antwort-ung? Lade die Blume ein, ihren Tanz der Fantasie zu tanzen, indem DU den deinen tanzt!

Blütenblatt Frieden

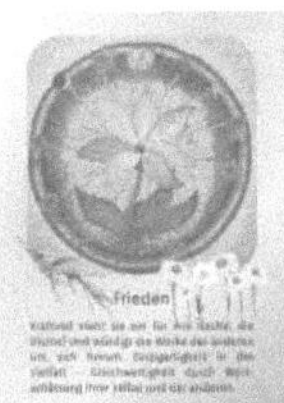

Kraftvoll steht sie ein für ihre Sache, die Blume! Und würdigt die Werke der anderen um sich herum. Einzigartigkeit in der Vielfalt - Gleichwertigkeit durch Wertschätzung ihrer selbst und der anderen.

Eine kraftvolle Blume weiß um ihren Wert - und um den Wert ihrer Werke. Eine kraftvolle Blume lebt in der Gewissheit, dass sie selbst und ihr Werk neben den vielen anderen steht. Nur eine schwächliche Blume fragt sich, ob sie und ihr Werk neben den anderen be-steht! Nur eine Blume, die nicht in ihrer vollkommenen Kraft strotzt, hat das Gefühl, sich und ihr Werk verteidigen zu müssen, ja auch sich für (vermeintliche?) Verletzungen rächen zu müssen. Ein volles Blütenblatt Frieden sendet Eintracht und Harmonie aus in dem Vertrauen, dass alle Blumen darüber übereingekommen sind, dass sie und ihre Werke schön sind!

Spüre: Erlaube dir und deinem Körper, zum Blütenblatt Frieden dieser Blume zu werden. Nehme WAHR, was du fühlst. Bist du ganz frei und fließend? Oder fühlst du dich beengt oder gelähmt?

Denke: Was bedeutet deine körperliche Reaktion der Begrenztheit? Fühlt sich die Blume klein und minderwertig? Hat die Blume Angst? Fühlt sie sich beengt und (grundsätzlich) im Modus der Verteidigung? Bist du aufgerufen, etwas Heilsames zu tun? Öffne dich für den Frieden in dir! Erlaube dir, Frieden zu fühlen! Denke und fühle, wie sich dir FRIEDEN heute darstellen mag. Vertraue und danke, dass dein Friede bei der Blume, die du betrachtest, ankommt!

Blütenblatt Geschenk

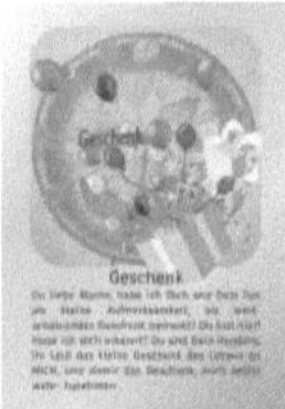

Du liebe Blume, habe ich dich und dein Tun als kleine Aufmerksamkeit, als wertschätzendes Geschenk bemerkt? Du bist hier! Habe ich dich erkannt? Du und dein Handeln, ihr seid das kleine Geschenk des Lebens an MICH; und damit das Geschenk, mich selbst wahr-zunehmen.

Will ich mich jetzt und heute beschenken lassen? Will ich mich dafür entscheiden, das Schöne an deinem Geschenk zu finden? Dafür sollte ich mir Zeit nehmen! Und wenn es nur einen winzigen Moment lang ist.

Spüre: Wenn ich dir sage, dass diese Blume sich und ihr momentanes Handeln als Geschenk präsentiert - wie fühlt sich dieses Geschenk an? Herb oder süß? Schwer oder leicht? Kantig oder harmonisch? Magst du es annehmen? Oder lieber abweisen?

Denke: Freue dich, dass du wahr-nimmst, welche Botschaft das Blütenblatt Geschenk dieser Blume dir bringen mag. Bist du es, der sich beschenken lassen darf? Bist du es, die der Blume ein Zeichen gibt, dass ihr Geschenk angekommen ist? Vielleicht in einer geheimen Botschaft, als Zwinkern mit den Augen, als erhobener Daumen, als wärmendes Gefühl der Anerkennung im Herzen übersandt an die Blume ...? Wenn du es bist, dann tue das alsbald! Sei du selbst Geschenk für DICH - dann wird das Geschenk der Blume am richtigen Ort ankommen!

Blütenblätter

Du bist so schön! Sehe ich deine Blütenblätter, spüre ich deine entrollte Stärke, deine pralle Kraft! Oder hast du dich verausgabt, wie Wintertriebe im Keller, die blass und schlaff sehnsuchtsvoll und vergeblich viel zu weit zum Licht gewachsen sind und nun kraftlos vegetieren?

Sind es „vergeilte Triebe", die ohne richtige Kraft und Farbe keine dauerhafte Form erlangen, die keine Chance darauf haben, gegenständlich zu werden? Es sind Projekte und Handlungen, die ein „zu viel von" anzeigen; ein übertriebenes Wollen und Handeln, das nicht von Dauer sein kann. Es wird über kurz oder lang in sich zusammenbrechen, da die Substanz der (Eigen-)Liebe und der vertrauensvollen Gemeinschaft überstrapaziert wird oder gar fehlt. Es kann nicht genug Kraft von unten über die Wurzeln und Blätter an Liebe und lustvoller Freude und an dem, was der nährende Regenbogen an Fülle in sich hat, nachfließen, wie oben an dieser Stelle übermäßig verbraucht wird. Weil es über- oder fehlkompen-satorisch ist, zeigt es sich dann als Defizit. Sind die Blütenblätter im Potential, bis an den farbigen, eigentlichen Rand hin belebt, sind sie gefüllt mit praller Energie, die sich zum Wohle der Gemeinschaft und des großen Ganzen materialisiert.

Spüre: Erlaube deiner Hand, nach und nach zu einem Blütenblatt zu werden. Fahre mit dem Zeigefinger der anderen Hand vom Handknochen Richtung Finger - und fühle, wo dein Zeigefinger stoppen will! Innerhalb der Hand? Oder weit über die Finger hinaus?

Denke: Stoppt dein Finger innerhalb der Hand, dann verwendet die Blume in diesem Blütenblatt nicht alle Kraft, die sie lebendig werden lassen könnte. Stoppt dein Finger außerhalb deiner Hand, dann vergeudet sie umsonst zu viel Energie - die ihr an anderer Stelle fehlt. Besinne dich auf dich selbst und deine eigenen Blütenblätter. Welches Blatt ruft dich? Denke und fühle, wie sich Schicht um Schicht dieses Blattes in konzentrischen Kreisen um dich legt, wie ein schützender Mantel oder wie die Schale eines befruchteten Eies. Kon-Zentriere dich auf dieses kraftvolle inne liegende Wunder und erlaube ihm in seiner Zeit, zu wachsen in seine volle Größe.

Blume

Wenn ich dir mit meinem Herzen ins Auge sehe, erkenne ich, wie du dich fühlst: Kraftvoll strotzend? Übermütig tanzend? Explosiv bis zum Ende deiner Kraft? Welkend als ob es das Ende deiner Tage wäre? Wie vereist? Sanft duftend und im Wind wiegend?

Entfaltung ist ein ständig andauernder Fluss, nie endend: Samen - Keimling – Pflanze - Blüte - Frucht - Verwelkend sterben und Aussaat - Samen ... Das Leben der Blume ist ewig.

Gerade JETZT! Wenn du diesen Fluss stoppst wie einen Film - welchen Zu-Stand zeigt die Blume in diesem Moment?

Spüre: Die Weite der Blume, ihre gesamte Gestalt, ihre Entwicklung zeigt an, wie die Blume gerade entfaltet ist. Spüre ihre gesamte Gestalt und erlaube deinem Körper, zur Blume zu werden - wie fühlt es sich an? Kannst du dich auch in alle Richtungen drehen und wenden? Oder: Deine Hand wird zur Blume, dein Unterarm zum Stil - spüre!

Denke: Ist die Blume so, wie sie sein will? Was braucht sie, um wieder in ihre volle Kraft der Entfaltung zu kommen? Welches Stadium auch immer das sein mag, auch wenn es das Sterben der Blume sein will. Wer ist die Gärtnerin, die die Blume ins rechte Licht rückt? Wer ist der Gärtner, der ihr den Boden bereitet? Du? Was ist deine Aufgabe? Tue dies - JETZT.

Herz-Sonne

Herz-Sonne

Ob hinter Wolken oder vom klaren Himmel scheinend. Die Sonne sendet unablässig ihre verbindenden Strahlen. Sie ist der ewige Lebensfunke, die Urkraft der Seelen, Gott und Göttin, die Quelle allen Seins.

Die Herz-Sonne ist mit allem und jedem verwoben, ihr Leben durchströmt alles und bringt durch seine Klarheit alles und jeden in seinem einzigartigen Rhythmus zum Schwingen und Klingen.

Spüre: Wenn es passt - eine zur Faust geschlossene Hand wird zur Herz-Sonne, die andere wandert als Wolke in ihre Richtung: Wie viel Sonne will verdeckt sein und verhindern, dass die Blume in die volle Sonnenkraft kommt?

Denke: Manchmal rückt die Sonne in den Hintergrund, wird blass oder von Wolken verdeckt, scheint sich zu verstecken: Wann ist dies geschehen und zu welchem Zweck? Welchen Blumenteilen fehlt nun die Energie und Klarheit, um ihre Einzigartigkeit ins Leben zu gebären? Oder gab es eine Zeit, in der die Blume voller überdrehter Energie, im Rausch oder auf der Flucht, der Sonne zu nahegekommen war und einzelne Teile verdorrten? Wer ist es, der der Blume von der liebevollen Sonnen-Kraft erzählt? Wer ist es, der ihr den Raum öffnet, dass sie sich selbst erlaubt, sich bescheinen und lieben zu lassen?

Spirale

Spirale

Von weit kommst du her, liebe Blumen-Seele. Wo Zeit und Ort sich in Unendlichkeit und Zeitlosigkeit umarmen. Spürst du die starke Verbindung zu diesem ZeiTRaum der Schöpfung ... wo träumend ein Universum ums andere entsteht?

Manchmal ist es Wunder-Voll, einzutauchen in den Zustand der Unendlichkeit – der dann kein Zu-Stand ist, sondern ein Zu-Fließen, ein Zu-Gleiten ... im Getragen Sein der Unendlichkeit in Zeit und Raum. Gespeist vom Regenbogen erhält die Blume Inspiration und Lebendigkeit durch den gelebten und lebendig gewordenen Rhythmus der Vielen.

Spüre: Sei behutsam hier! Vielleicht ahnst du schon, wie es diesem geheimen Nabel- und Verbindungspunkt zum Universum geht. Vielleicht reicht dies schon, um zu spüren, wie es der Blume geht an diesem Punkt, wo Schöpfung einfließt?

Denke: Wer kann hier heilen? Lade die ein, die dich in DEINER Spirale, in deinem Schöpfungs-Punkt dazu inspirieren! Engel? Krafttiere? Sterne? Pflanzen-Devas und Elfen? Oder wen? Sei behutsam aktiv, wenn das deine Aufgabe ist.

Perlen-Spirale

Wer ist es, der sich mit der Blume verbinden mag? Wer mag sie unterstützen und dabei helfen, ihre wundervollen Farben und Klänge sichtbar zu machen? Mag die Blume sich befreunden - oder ist sie lieber eine Einzelkämpferin?

So viele umgeben uns, sind mit uns auf dieser Lebensreise ... bekannte und unbekannte, sichtbare und unsichtbare, winzige und riesige: Menschen, Tiere, Pflanzen, Sterne, Steine, Elfen, Engel, Drachen, Wolken, Projekte, Ideen. Manche sind der Blume Unterstützung, für manche ist die Blume Helferin; gemeinsame Entfaltung und einzigartige Schöpfungen: Einheit in der Vielfalt.

Spüre: Führe mit der Hand die spiralförmige Bewegung der Perlenspirale nach - fühle: Stockt es? Geht es leicht? Hektisch? Sanft? Zäh? Oder wie? - Führe ein zweites Mal diese

Bewegung durch mit der Vorstellung, sie so zu machen, wie es eigentlich vom Leben gedacht ist - spürst du eine Veränderung?

Denke: Da gäbe es wen, der Gemeinschaft schließen will mit der Blume ... Was ist der Grund, dass es nicht so läuft, wie es soll? Und was muss sich ändern? Bist du es, der diese Änderung herbeiführt?

Stern

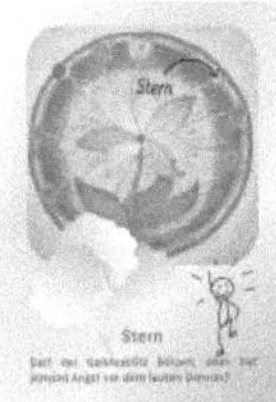

Darf der Geistesblitz blitzen, oder hat jemand Angst vor dem lauten Donner?

Da ist eine zündenden Idee! Etwas Neues mag entstehen und findet die Kraft, gezeugt zu werden - oder bleibt sie vorsichtshalber in der Warteschleife?

Spüre: Halte deine Hände zusammen, als ob du mit Fäustlingen dir selbst die Hände schütteln würdest. Erlaube dir, der zündende Funke, der Geistesblitz, der Stern der Blume zu sein - und führe deine Hände explosionsartig auseinander. Fühle, wie leichtgängig, wie stark, wie schnell oder langsam dies geht. Erkenne, wie weit die Bewegung ist. Oder will sie gar nicht starten?

Denke: Wann ist die Zeit für die zündende Idee? Ist sie schon vorbei - und wartet nun darauf, in einer Schleifenbewegung der Zeit erneut an den Start zu kommen? Ist es zu früh? Oder steht sie an der Startrampe und braucht nur diesen einen freundschaftlichen Schubs, diese eine herzliche Einladung, JETZT geboren werden zu dürfen? Bist du es, die das tut?

Sonne

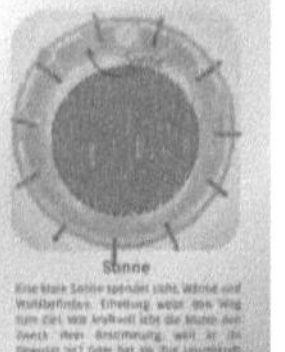

Eine klare Sonne spendet Licht, Wärme und Wohlbefinden. Erhellung weist den Weg zum Ziel. Wie kraftvoll lebt die Blume den Zweck ihrer Bestimmung, weil er ihr bewusst ist? Oder hat sie ihre Leuchtkraft gedimmt?

Sonne erhellt und klärt. Sonne trocknet aus und dörrt. Zuweilen ist Schatten eine heilsame Wohltat, manchmal ist Licht Not-wendig.

Spüre: Eine Hand machst du zur Faust, die sich in die Sonne der Blume verwandelt - die andere Hand legst du um sie herum und führst sie als Sonnenstrahl von der Faust-Hand weg. Erlaube dir, die Bewegungslinie und Kraft des Sonnenstrahls zu fühlen. Entspricht die Kraft der Sonne dem, wie sie sein soll? Führt der Sonnenstrahl zu seinem Ziel?

Denke: Was braucht die Sonne, um zu leuchten in ihrer einzigartigen wohl-dosierten Strahlkraft? Wer ist es, der dazu beiträgt? Was benötigt die Blume, um die Sonnenstrahlen auf ihre Weise anzunehmen?

Mond

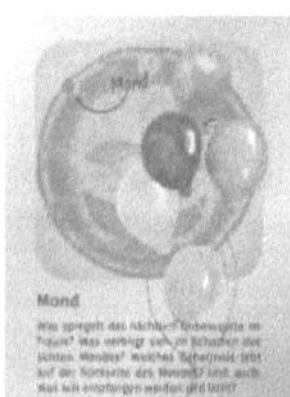

Was spiegelt das nächtlich Unbewusste im Traum? Was verbirgt sich im Schatten des lichten Mondes? Welches Geheimnis lebt auf der Rückseite des Mondes? Und auch: Was will empfangen werden und licht?

Seele der Blume, du bist eingebettet in den Zyklus des Werdens und Vergehens und endest nie. Was spiegelst du in diesem Moment wider: Das Licht der Bewusstheit? Gibt es einen Schatz, der end-lich gebor(g)en werden will? Der ins Licht der Schöpfung möchte? Und sich dem immerwährenden Zyklus des Werdens und Vergehens hingeben will?

Spüre: Erlaube dir, der Mond am Firmament der Blume zu sein. Welche Seite wendest du dem sichtbaren Leben zu? Darf die Rückseite auch einmal ins Licht drehen? Wann ist es soweit? Muss etwas verborgen bleiben, weil es so gut ist?

Denke: Was ist verborgen vor dem Angesicht der Blume und will verborgen bleiben? Und was muss die Blume JETZT bewusst wissen? Was muss sie erleben und erfahren? Wer ist es, der behutsam Licht ins Unbewusste bringt?

Schwingender Raum des Lebens

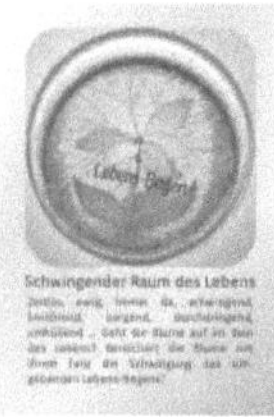

Zeitlos, ewig, immer da, schwingend, berührend, bergend, durchdringend, umhüllend ... Geht die Blume auf im Sein des Lebens? Bereichert die Blume mit ihrem Tanz die Schwingung des umgebenden Lebens-Bogens?

Der umhüllende Regenbogen ist Ausgangspunkt und Nahrung für die Blume. Mehrdimensional ist er eine farbige Kugel. Der Rhythmus, die Schwingung und der Tanz des Lebens ... in ihm hat die Blume ihren Halt, ihren Ort des Wachsens. Wie ein schützender Kokon umhüllt die Regenbogenkugel die einzelne Blume in all ihren Bereichen und Stadien genauso, wie alle und alles andere auch. Dies ist eindimensional schwer darstellbar. Der Klang des Lebens ist im einzelnen Wesen auf persönliche und einzigartige Weise ausgedrückt. Ebenso schwingt und klingt der Rhythmus des Lebens in allem, was ist - auch dies in seiner Gesamtheit ein einzigartiges Schwingen. Der Rhythmus des Lebens, seine Schwingung durchdringt jedes einzelne Blatt. Die Erfahrungen der Blume gehen in diesen allumfassenden Bogen zurück. Sie spiegeln sich in ihm. Der Rhythmus der einzelnen Blume beeinflusst den Rhythmus des großen Bogens (so wie genau diejenige Saite einer Gitarre schwingt, deren Ton man am Klavier daneben anschlägt). Und umgekehrt schwingen die Blume und jeder Teil der Blume in einem ganz ähnlichen Rhythmus, wie der umgebende Bogen, der von anderen Blumen beeinflusst wird ... und von der Kraft des Lebens. Im Regenbogen, im Tanz des Lebens, ist auch der Raum, wo sich Zeit und Zeitlosigkeit, Dualität und Nicht-Dualität, wo sich die verschiedenen Schwingungen und Rhythmen begegnen.

Spüre: Werde zur Blume und fühle, wie sich der Bogen schützend um dich legt. Magst du es fühlen? Kannst du es fühlen? Darfst du es fühlen? - Mache Musik an und tanze den Tanz des Lebens dieser einzigartigen Blume ... Wie tanzt der Tanz? So, wie es das Leben sich ursprünglich gedacht hat? Tanze dann den vollkommenen Tanz des Lebens ... genieße!

Denke: Wer ist es, der der Blume die Erlaubnis gibt, sich dem umhüllenden Bogen, dem schwingenden Raum des Lebens hinzugeben und anzuvertrauen?!! Lebe, Blume, und genieße dein Sein!!

Wurzel

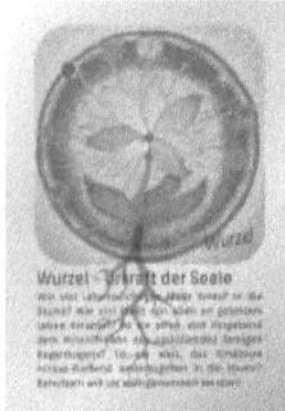

Wie viel Lebenswichtiges fließtdurch die Wurzel hinauf in die Blume? Wie viel fließt von oben an Leben hinunter? Ist sie offen, sich hingebend dem Hineinfließen des umhüllenden farbigen Regenbogens? Ist sie weit, das Erhaltene hinaus-fließend weiterzugeben in die Blume? Behutsam will sie wahr-genommen werden!

Spürst du den Puls des Lebens? So sanft schlägt die Wurzel den Rhythmus dieses Lebens - übertragend den Rhythmus des Großen Ganzen auf die gesamte Blume. So zart und stetig gleitet die Essenz des All-Einen aus dem Bogen in die Wurzel und beflügelt die Blume, ihr all-einiges Leben in wundervoller Vollkommenheit zu leben. Hier ist die Nahtstelle, der Übergang vom All ins Eine, die Ur-Kraft der Seele. Hier ist der Ort, an dem die Kraft der Blume auch wieder in den farbigen Bogen eingehen wird, ein lebendiger Funken im Universum ... bis zur nächsten Gestaltung...

Spüre: Erlaube deinen Händen, die Wurzel behutsam zwischen sich zu nehmen und den in ihr fühlbaren lebendigen Herzschlag widerzugeben ... zusammen ... auseinander. Fühle die Beweglichkeit des Wurzel-Herzmuskels, fühle den Rhythmus des Pulses und erlaube deinen Händen, diesen darzustellen. Werde zum pulsierenden Herzschlag der Wurzel der Blume und fühle, wie die Kraft des Bogens durch dich hindurch hinauf in die Blume fließt... und hinunter aus der Blume in den umspannenden Bogen. Fühlst du Blockaden? Sollte der Rhythmus ein anderer sein? Sollte der Fluss schwächer sein - denn es scheint eine Explosion zu drohen? Oder stärker sein?

Denke: Was braucht die Blume und ihre pulsierende Wurzel, um in ihre Kraft, ihren Rhythmus, ihr Fließen zu kommen? Wer ist verantwortlich, das zu geben? Du? Dann tue es - JETZT!

Liebe

Spürst du dieses zarte kraftvolle Weben, dieses Verbinden, dieses Tragen und Getragen-Sein? Sich öffnen dürfen, SEIN wie man ist, Gefühle frei lassen ..., weil verstanden, weil WAHR-genommen worden sein - durch die LIEBE.

Liebe ist wohl die kraftvollste Essenz des Lebens. Sie ist immer da. Sie fließt immer durch und um jedes Wesen, sie verbindet, durch sie findet Kommunikation statt, Kommunikation auf feinstofflicher Ebene ... höher, viel höher als unser Mund und unsere Ohren miteinander sprechen. Wer mag die Herz-liche Einladung aussprechen und die Liebe willkommen heißen im Leben dieser Blume? Liebe auf eine Weise, die sie sichtbar und fühlbar macht...!

Spüre: Magst du dich einlassen auf das ewige Weben der Liebe? So fühlt sie sich an, immer und überall. Magst du den Sender auf Empfang stellen?

Denke: Wer ist es, der diese Blume unter-stützt, LIEBE wahr-zunehmen?! Du? Dann tue das JETZT. Wer ist es, der dieser Blume LIEBE schenkt, auf eine Weise, die sie (für) wahr-nehmen und an-nehmen mag?! Du? Dann tue das JETZT. Und fange bei DIR an ...

Vertrauen und Zutrauen

Traue ... vertraue ... traue zu ... - Wer vertraut dieser Blume? Wer traut es dieser Blume zu? Traut sie sich? Vertraut sie dem Leben?

Stell dir vor, du liegst genießerisch bäuchlings auf einem ruhig dahinfliegenden Teppich ... stell dir vor, du ruhst auf einem sanft treiben-den Floß und genießt den Blick ins Himmelsblau - so will Ver-trauen das Leben jeder Blume erfüllen. Dann fühle die Kraft der Neugierde, sich erheben zu wollen, aufzustehen, das Wa-ckeln von Teppich und Floß auszugleichen JA! Es trägt!

Spüre: Erlaube dir zum Vertrauen, zum Zutrauen zu werden. Fühle, wie sich Vertrauen und Zutrauen dieser Blume anfüh-len. Ist dieses Blatt voll entwickelt? Oder (teilweise) vertrock-net? Ist es in seiner vollkommenen Größe?

Denke: Was wird sich im Leben dieser Blume ändern, wenn du (oder wer?) ihr JETZT Vertrauen schenkst? Welche Handlung wird die Blume lustvoll tun wollen, wenn du (oder wer?) ihr dies JETZT zutrau(s)t? Welche kleinen Handlungen wollen schrittweise getan sein, um letztendlich Vertrauen und Zu-trauen in ihrer GÄNZE zu leben? - Erlaube dir, wenn du magst, Vertrauen und Zutrauen persönlich kennenzulernen: Sie er-warten dich bereits bei einem Tässchen Tee ...

Lustvolle Freude

Jede Seele kommt freiwillig auf diese Erde: Was für ein Genuss, hierher zu kommen! Was für ein Event, sich auf den Weg zu machen! Was für eine schöne Herausforderung, all die kommenden Hürden des Lebens erleben zu wollen, daran zu wachsen und zu erstarken! Findest du diesen Moment im Leben dieser Blume? Vertraue, dass er da ist!

Lustvolle Freude aus dem Herzen gelebt umhüllt die Blume in sanfter und Sicherheit-spendender Berührung. Lass dich anrühren von diesem scheinbaren Gegensatz von fließender Sanftheit und Haltgebender Sicherheit. Mache (dich) auf, wenn du magst, und fühle!

Spüre: Ertaube dir, zur lustvollen Freude dieser Blume zu werden - spürst du die leise sprudelnden Wirbel, die die Blume umweben?

Denke: Sollten diese lustvollen Wirbel der Freude verloren gegangen sein - was ist deine (oder eines anderen) Aufgabe, sie wieder in das Leben dieser Blume einzuladen - vielleicht dein herzliches Lachen?

Kraft des Lebens

Wie weit, wie tief ergießt sich die Kraft des Lebens nach oben in die Blume, dringt in die oberen Blütenteile vor, durchdringt sie mit ihrem Saft und lässt Leben entstehen? Wie kräftig richtet die Kraft des Lebens den Stil auf und lässt die in den Wurzeln und grünen Blättern enthaltenen Säfte in die Blume fließen?

Wer innerlich aufmacht, damit das Leben sich entfaltet, lebt in aufrichtiger (aufgerichteter) Kraft. Diese ist dann im Potential, weil die Kraft der Entfaltung aus Liebe und lustvoller Freude gespeist wird. Die lebendige Kraft des Lebens, die durch lustvolle Freude, Vertrauen, Zutrauen und Liebe gespeist wird, ist beweglich, steigt tänzerisch auf und speist die gesamte Blume mit Lebenskraft. Wahrheit und Unschönes wird „verkraftet", wenn die Kraft des Lebens lebendig fließt.

Spüre: Verwandle deinen Unterarm oder deinen gesamten Körper zum Stil der Blume, zur Kraft des Lebens - wie viel Saft und Kraft fließt nach oben? Wie aufgerichtet oder lasch ist der Stil? Kippt er vielleicht zur Seite (in die Vergangenheit oder die Zukunft), weil ihm der Flow, das Ziel, die Kraft fehlt? Wenn du in bestimmte Momente des Lebens zurückgehst (Zeugung, Schwangerschaft, Geburt, Kita-Beginn, Einschulung ... besondere Lebens-Momente): Wie fühlt sich in diesen Momenten die Kraft des Lebens an?

Denke: Was hindert die Kraft des Lebens am freien Fließen? Muss etwas entfernt werden? Muss etwas hinzugefügt werden? Darf etwas erkannt werden? Bist du es, die tätig werden muss?

Lebens-Aufgabe (Frucht)

Welcher tiefere Sinn will sich er-füllen? Welches Ziel will sich manifestieren? Was ist im Herzen schon da und will nun leibhaftig lebendig werden?

Jedes Wesen hat einen tieferen Sinn, weshalb es lebendig werden möchte ... Aus dem Apfelkern wächst ein Baum, der Äpfel trägt. Aus der Quelle sprießt Wasser, das den Dürstenden erquickt. Aus dem Buch fließen Worte der Weisheit, Erbauung, Spannung, Freude. Eine Geste bewirkt Wunder .... Welche einzigartige Idee, welches wundervolle, letztendlich auf seine Weise vollkommene Werk will hier geboren werden - so bescheiden es auch erscheinen mag? Die Frucht will erkannt und geerntet werden - öffne dein Herz für sie!

Spüre: Greife mit der ganzen Hand um die Blütenblätter herum in die Frucht – drücke behutsam prüfend ihre Elastizität, ihre Lebendigkeit. Ist sie verschrumpelt und spröde? Ist sie überreif und der Saft tropft bereits heraus?

Denke: „Telos" = das Ziel, der Zweck - welchen Zweck will die Frucht erfüllen? Entspricht die Größe und der Reifegrad dem Zustand, wie das Leben dies sich wünscht? Was ist es, was du (oder wer?) JETZT tun muss(t), damit die Ernte eingebracht, die Frucht geerntet werden kann?

Veronika Seiler

Mit 10 Jahren wusste ich, dass ich einmal einen Kindergarten gründen werde. Dies tat ich 1997. Seither begleite ich hier Kinder ins Leben. Ich bin Leiterin und Trägerin des Telos-Kinderhauses und seit 2021 Trägerin des Telos-Naturhauses.

Ich bin Dipl. Sozialpädagogin, Individualpsychologisch Beraterin und Familientherapeutin (Telos), Encouraging-Master-Trainerin (Theo Schoenaker) und Energetic-System-Coach (Alexandra Petko).

Ich begleite Pädagog*innen und Eltern in Seminaren und Fortbildungen, in Coachings und Supervisionen.

Ich lebe bei München am Ammersee und erfreue mich jeden Tag an der wunderschönen Natur.

Die Inspirationskarten sind zu beziehen bei:

www.veronika-seiler.de

Alphabetische Reihenfolge der Karten